À toi ! 1

Grammatikheft

W0001598

À toi! 1

Grammatikheft für den Französischunterricht

Im Auftrag des Verlages erarbeitet von:
Gertraud Gregor

und der Redaktion Fremdsprachen in der Schule
Jana Silckerodt

Umschlaggestaltung und Layoutkonzept: werkstatt für gebrauchsgrafik, Berlin
Layout und technische Umsetzung: Rotraud Biem, Berlin
Illustrationen: Laurent Lalo
Umschlagfoto: © Getty Images/Westend61/RF (Vordergrund); Getty Images / Paul Trummer (Hintergrund)

www.cornelsen.de

2. Auflage, 1. Druck 2012

Alle Drucke dieser Auflage sind inhaltlich unverändert
und können im Unterricht nebeneinander verwendet werden.

© 2012 Cornelsen Verlag, Berlin

Das Werk und seine Teile sind urheberrechtlich geschützt.
Jede Nutzung in anderen als den gesetzlich zugelassenen Fällen bedarf
der vorherigen schriftlichen Einwilligung des Verlages.
Hinweis zu den §§ 46, 52 a UrhG: Weder das Werk noch seine Teile dürfen ohne eine
solche Einwilligung eingescannt und in ein Netzwerk eingestellt oder sonst öffentlich
zugänglich gemacht werden.
Dies gilt auch für Intranets von Schulen und sonstigen Bildungseinrichtungen.

Druck: Stürtz GmbH, Würzburg

ISBN 978-3-06-520404-0

 Inhalt gedruckt auf säurefreiem Papier aus nachhaltiger Forstwirtschaft.

Salut! Ich heiße Francis und werde dich durch dein Grammatikheft begleiten. Hier findest du den gesamten Grammatikstoff von *À toi!* 1.

Unité 1 Bonjour!

| 1 | *Ça va?* | Die Intonationsfrage \| *L'interrogation par intonation* | 7 |

Wenn du wissen willst, wo du Erklärungen zu einem bestimmten grammatischen Thema finden kannst, schaust du im Inhaltsverzeichnis auf den Seiten 4–6 nach.

---

un croissant   **une** boulangerie
ein Croissant   eine Bäckerei

Die französischen unbestimmten Artikel im Singular heißen **un** und **une**.
Un ist der unbestimmte Artikel für männliche Nomen.
Une ist der unbestimmte Artikel für weibliche Nomen.

Bei jedem neuen grammatischen Thema findest du zuerst Beispiele und darunter die Erklärung.

! bedeutet, dass etwas besonders auffällig ist, anders als im Deutschen oder eine Ausnahme.

Unbestimmter Artikel (Singular):
un = vor männlichen Nomen
une = vor weiblichen Nomen

Auf den orangefarbenen Merkzetteln findest du die Regeln ganz kurz zusammengefasst.

Infinitiv = Grundform des Verbs (z. B. *wohnen/habiter*)

Auf den kleinen gelben Stickern findest du die Erläuterung der grammatischen Begriffe, die in den Erklärungen verwendet werden.

Das sind meine Freunde Emma und Farid. Sie geben dir Lerntipps.

HAST DU DAS VERSTANDEN?   ▸ Lösungen, S. 47

Setze den unbestimmten Artikel **un**, **une**, **des** ein.

1. ? *quartier*   4. ? *hôtel*   7. ? *avenues*
2. ? *librairie*   5. ? *rue*   8. ? *croissants*
3. ? *boulangeries* 6. ? *cinéma* 9. ? *sœur*

In den grünen Kästen gibt es Übungen zu den neuen Grammatikthemen. Hier kannst du überprüfen, ob du alles verstanden hast. Auf den Seiten 47–48 findest du die Lösungen.

---

infinitif		**avoir**	(haben)
présent	j'	ai	ich habe
	tu	as	du hast
	il/elle/on	a	er/sie/man hat

Auf den Seiten 44–46 deines Grammatikheftes findest du auch eine Liste der regelmäßigen und unregelmäßigen Verben, die du in *À toi!* 1 lernst.

Viel Erfolg beim Lernen!

Inhaltsverzeichnis

Unité 1 Bonjour!

| 1 | Ça va? | Die Intonationsfrage \| *L'interrogation par intonation* | 7 |
| 2 | Ça va? – Ça va. | Die Intonationsfrage und der Aussagesatz \| *L'interrogation par intonation et la phrase déclarative* | 7 |

Unité 2 C'est la rentrée

1	*je suis, tu es, il est …*	Das unregelmäßige Verb *être* | *Le verbe irrégulier* être	8
2	*je, tu, il, elle …*	Die Personalpronomen | *Les pronoms personnels*	9
3	*le, la, l'*	Der bestimmte Artikel und das Nomen im Singular | *L'article défini et le nom au singulier*	10
4	*les*	Der bestimmte Artikel und das Nomen im Plural | *L'article défini et le nom au pluriel*	12
5	*Je suis en sixième.*	Der Aussagesatz | *La phrase déclarative*	13

Unité 3 Un quartier de Levallois

1	*un, une*	Der unbestimmte Artikel im Singular | *L'article indéfini au singulier*	14
2	*des*	Der unbestimmte Artikel im Plural | *L'article indéfini au pluriel*	14
3	*on*	Das Personalpronomen *on* | *Le pronom personnel* on	15
4	*regarder, habiter …*	Die regelmäßigen Verben auf *-er* | *Les verbes réguliers en* -er	15
5	*j'habite, l'hôtel, l'ami, d'Océane …*	Der Apostroph | *L'apostrophe*	17
6	*Qu'est-ce que …?*	Die Frage mit *qu'est-ce que* | *L'interrogation avec* qu'est-ce que	17

Unité 4 Ma famille et moi

| 1 | *mon, ton, son …* | Die Possessivbegleiter im Singular \| *Les déterminants possessifs au singulier* | 18 |
| 2 | *j'ai, tu as, il a …* | Das unregelmäßige Verb *avoir* \| *Le verbe irrégulier* avoir | 19 |

Unité 5 Chez les Fournier

1	*du, de la, de l', des*	Der zusammengezogene Artikel mit der Präposition *de* | *L'article contracté avec la préposition* de	21
2	*Regarde. Regardons. Regardez.*	Der Imperativ | *L'impératif*	22
3	*je mange, tu manges ...*	Die Verben *manger* und *ranger* | *Les verbes* manger *et* ranger	23
4	*Où est ...?*	Die Frage mit *où* | *L'interrogation avec* où	23
5	*Qui est ...?*	Die Frage mit *qui* | *L'interrogation avec* qui	23

Unité 6 C'est la fête

1	*Est-ce que ...?*	Die Frage mit *est-ce que* | *L'interrogation avec* est-ce que	24
2	*Anissa ne travaille pas.*	Die Verneinung *ne ... pas* | *La négation avec* ne ... pas	25
3	*je fais, tu fais, il fait ...*	Das unregelmäßige Verb *faire* | *Le verbe irrégulier* faire	26

Unité 7 Mes hobbys

1	*je vais, tu vas, il va ...*	Das unregelmäßige Verb *aller* | *Le verbe irrégulier* aller	27
2	*au, à la, à l', aux*	Der zusammengezogene Artikel mit der Präposition *à* | *L'article contracté avec la préposition* à	27
3	*J'aime le sport. J'aime chanter.*	Aimer + Nomen und *aimer* + Infinitiv | Aimer + *nom et* aimer + *infinitif*	29

Unité 8 Planète collège

1	*lundi, le lundi*	Die Wochentage mit und ohne bestimmten Artikel | *Les jours de la semaine avec et sans l'article défini*	30
2	*je peux, tu peux, il peut ...*	Das unregelmäßige Verb *pouvoir* | *Le verbe irrégulier* pouvoir	31
3	*notre, votre, leur ...*	Die Possessivbegleiter im Plural | *Les déterminants personnels au pluriel*	31
4	*Pourquoi est-ce que ...?*	Die Frage mit Fragewort und *est-ce que* | *L'interrogation avec pronom interrogatif et* est-ce que	33
5	*Parce que ...*	Der Nebensatz mit *parce que* | *La proposition subordonnée avec* parce que	34

Unité 9 Qu'est-ce qu'on mange ce soir?

1	*un kilo de tomates*	Die Mengenangaben | *Les quantifiants*	35
2	*je veux, tu veux, il veut ...*	Das unregelmäßige Verb *vouloir* | *Le verbe irrégulier* vouloir	36
3	*j'achète ... nous achetons ...*	Das Verb *acheter* | *Le verbe* acheter	36
4	*Il est content. Elle est contente.*	Das Adjektiv | *L'adjectif*	37

Unité 10 Un week-end à Paris!

1	*je vais chanter, tu vas chanter ...*	Das *futur composé* | *Le futur composé*	39

SUPPLÉMENT 1 Au café, on prend son temps!

1	*je prends, tu prends, il prend ...*	Das unregelmäßige Verb *prendre* | *Le verbe irrégulier* prendre	41

SUPPLÉMENT 2 Vive la musique!

1	*perdre, attendre ...*	Die Verben auf *-dre* | *Les verbes en* -dre	42
2	*le, la, les*	Die direkten Objektpronomen *le, la, les* | *Les pronoms objets directs* le, la, les	42

Annexe

Les verbes	Die Verben	44
Solutions	Lösungen	47

Bonjour!

1 Die Intonationsfrage | *L'interrogation par intonation*

Wenn du eine Frage stellst, hebst du deine Stimme am Ende der Frage an:

Ça va?   Et toi?

> Fragen, die mit ansteigender Satzmelodie gestellt werden, nennt man **Intonationsfragen**.

> *Intonation* = Satzmelodie

2 Die Intonationsfrage und der Aussagesatz | *L'interrogation par intonation et la phrase déclarative*

| Ça va? | Ça va. | Et toi? | Super! |

Fragesatz   Aussagesatz

Ça va?   Ça va.
Et toi?   Super!

Fragesätze sprichst du mit ansteigender Satzmelodie, Aussagesätze mit fallender Satzmelodie.

> Ansteigende Satzmelodie: Fragesatz
> Fallende Satzmelodie: Aussagesatz

Die Frage steigt, die Antwort fällt.

FRAGESATZ   AUSSAGESATZ

C'est la rentrée

1 Das unregelmäßige Verb *être* | *Le verbe irrégulier* être

DAS WEISST DU

			sein
Singular	1. Person	ich	bin
	2. Person	du	bist
	3. Person	er/sie/es	ist
Plural	1. Person	wir	sind
	2. Person	ihr	seid
	3. Person	sie	sind

Verben (Tätigkeitswörter) konjugierst du. Das heißt, du passt sie der Person an, bei der sie stehen: ~~ich sein~~ → *ich bin*

> **konjugieren** = das Verb an die Person anpassen *(sein → ich bin)*

))))) DAS IST NEU

Auch französische Verben konjugierst du:

être (sein)

Je	**suis**	dans la classe de Maxime.	1. Person Singular
Tu	**es**	en cinquième?	2. Person Singular
Il	**est**	dans la classe de Thomas.	⎫ 3. Person Singular
Elle	**est**	dans la classe de Marie.	⎭
Nous	**sommes**	en cinquième B.	1. Person Plural
Vous	**êtes**	la surveillante?	2. Person Plural
Ils	**sont**	dans la classe de Maxime.	⎫ 3. Person Plural
Elles	**sont**	en sixième A.	⎭

> Das Verb **être** wirst du häufig benötigen. So wie **sein** im Deutschen oder **to be** im Englischen.

2 Die Personalpronomen | *Les pronoms personnels*

Singular	1. Person	je	ich
	2. Person	tu	du
	3. Person	il	er
		elle	sie
Plural	1. Person	nous	wir
	2. Person	vous	ihr
	3. Person	ils	sie
		elles	sie

Die Personalpronomen *je, tu, il, elle, nous, vous, ils, elles* ersetzen
Personen oder Sachen. Sie stehen immer vor einem Verb.
Das sächliche *es* gibt es im Französischen nicht.

Personalpronomen =
persönliche Fürwörter
(ich, du, er/sie/es, wir, ihr, sie)

> *Je, tu, il, elle, nous, vous, ils, elles –*
> das ist ganz leicht, das lernst du schnell!

Das Personalpronomen *vous* | *Le pronom personnel* vous

> Vous êtes
> en sixième?

Seid **ihr** in der *sixième*?

Vous steht im Französischen für *ihr*
(mehrere Personen, die du duzt).

> Vous êtes la prof
> de français?

Sind **Sie** die Französischlehrerin?

Vous steht auch für *Sie*
(eine oder mehrere Personen, die du siezt).

vous = ihr   *vous* = Sie   *vous* = Sie
(eine Person)   (mehrere Personen)

Die Personalpronomen *ils* und *elles* | *Les pronoms personnels* ils *et* elles

Ils sont en cinquième B.
Sie sind in der *cinquième* B.

Elles sont en sixième A.
Sie sind in der *sixième* A.

Ils sont en cinquième B.
Sie sind in der *cinquième* B.

Anders als im Deutschen unterscheidest du im Französischen auch in der 3. Person Plural,
ob du über männliche oder weibliche Personen oder Sachen sprichst:

Elles steht für weibliche Personen oder Sachen.

Ils steht für männliche Personen oder Sachen und auch für gemischte Gruppen.

> *ils* = männlich
> *elles* = weiblich
> *ils* = männlich und weiblich

HAST DU DAS VERSTANDEN? ▸ **Lösungen, S. 47**

Ergänze die folgenden Sätze mit der richtigen Form von ***être*** oder mit
dem passenden Personalpronomen.

1. *Je* ? *dans la classe de Laurine.*
2. *Tu* ? *en sixième?*
3. ? *est dans la cour?*
4. *Elle* ? *en cinquième?*
5. ? *sommes en sixième A.*
6. *Vous* ? *la surveillante?*
7. *Ils* ? *dans la classe d'Anissa.*
8. ? *sont dans la cour.*

---

3 **Der bestimmte Artikel und das Nomen im Singular |**
L'article défini et le nom au singulier

DAS WEISST DU

Den bestimmten Artikel kennst du aus dem Deutschen:

der Bruder   **die** Schwester   **das** Buch

> **bestimmter Artikel** = *der, die, das*
> **Singular** = Einzahl

männlich	weiblich
le frère	**la** sœur
le garçon	**la** fille

Die französischen bestimmten Artikel im Singular heißen *le* und *la*.
Le ist der Artikel für männliche Nomen.
La ist der Artikel für weibliche Nomen.
Im Französischen gibt es nur männliche und weibliche Nomen. Sächliche Nomen wie im Deutschen
(z. B. *das* Buch) gibt es nicht.

Bestimmter Artikel (Singular):
le = vor männlichen Nomen
la = vor weiblichen Nomen

Le und *la* werden zu *l'* vor Nomen, die mit einem Vokal anfangen.

Vokal = Selbstlaut (a, e, i, o, u)

le und *la* vor Vokalen → *l'*

! Das Geschlecht deutscher und französischer Nomen stimmt meist nicht überein:

le bonbon – **das** Bonbon
le chocolat – **die** Schokolade
la photo – **das** Foto

! Schreibe französische
Nomen mit dem bestimmten Artikel
blau (männlich) und
rot (weiblich) auf.

le garçon – der Junge
le collège – das Collège
la fille – das Mädchen
la cour – der Schulhof

4 Der bestimmte Artikel und das Nomen im Plural | *L'article défini et le nom au pluriel*

DAS WEISST DU SCHON

Den bestimmten Artikel und das Nomen im Singular kennst du schon:

le frère	la sœur
der Bruder	die Schwester
l'ami	l'amie
der Freund	die Freundin
l'élève	l'élève
der Schüler	die Schülerin

))))) DAS IST NEU

Jetzt lernst du den bestimmten Artikel und das Nomen im Plural kennen:

Plural = Mehrzahl

Singular	Plural	Singular	Plural
le frère	**les** frères	la sœur	**les** sœurs
der Bruder	die Brüder	die Schwester	die Schwestern
le prof	**les** profs	la classe	**les** classes
der Lehrer	die Lehrer	die Klasse	die Klassen

Männliche und weibliche Nomen haben im Plural denselben Artikel. Der Artikel ist **les**. Im Plural hat das Nomen meist ein **-s** am Ende.

Im Englischen hängt man im Plural auch ein **-s** an das Nomen: **the girls**.

Aber im Französischen wird das **-s** nicht ausgesprochen: **la fille** [lafij] – **les filles** [lefij].

Singular	Plural	Singular	Plural
le garçon	**les** garçons	la fille	**les** filles
der Junge	die Jungen	das Mädchen	die Mädchen
l'ami	**les** amis [lezami]	l'amie	**les** amies [lezami]
der Freund	die Freunde	die Freundin	die Freundinnen
l'élève	**les** élèves [lezelɛv]	l'élève	**les** élèves [lezelɛv]
der Schüler	die Schüler	die Schülerin	die Schülerinnen

[zzzzz]

Vor einem Vokal sprichst du das **-s** von **les** als summendes **-s**.

► Lösungen, S. 47

HAST DU DAS VERSTANDEN?

Setze den bestimmten Artikel *le*, *la*, *l'* oder *les* ein.

? *classe*, ? *garçon*, ? *ami*, ? *sœurs*, ? *fille*, ? *frère*, ? *cour*, ? *élèves*, ? *amie*, ? *profs*, ? *garçons*, ? *surveillante*, ? *frères*, ? *rentrée*, ? *amis*

---

5 Der Aussagesatz | *La phrase déclarative*

Subjekt	Verb	Ergänzung
Je	suis	en sixième.
Maxime	est	le frère de Laurine.
Ils	sont	dans la classe d'Anissa.

Die normale Stellung der Satzteile in einem französischen Aussagesatz ist:
Subjekt + Verb + Ergänzung.

Aussagesatz:
Subjekt + Verb + Ergänzung

> Diese Regel kennst du
> aus dem Englischen: S-V-O
> (subject – verb – object).

HAST DU DAS VERSTANDEN?

► Lösungen, S. 47

Bringe die Wörter in die richtige Reihenfolge.

1. *cinquième / Anissa / en / est / .*
2. *la classe / d'Anissa / sont / dans / ils / .*
3. *prof de français / êtes / vous / la / ?*
4. *la / sont / cour / dans / elles / .*
5. *sœur / la / Anissa / est / Mehdi / de / .*

Un quartier de Levallois

1 Der unbestimmte Artikel im Singular | *L'article indéfini au singulier*

DAS WEISST DU

Den unbestimmten Artikel kennst du aus dem Deutschen:

ein Kino   **eine** Bäckerei

> *unbestimmter Artikel =*
> *ein, eine*

))))) DAS IST NEU

un croissant   **une** boulangerie
ein Croissant   eine Bäckerei

Die französischen unbestimmten Artikel im Singular heißen **un** und **une**.
Un ist der unbestimmte Artikel für männliche Nomen.
Une ist der unbestimmte Artikel für weibliche Nomen.

> *Singular* = Einzahl

Unbestimmter Artikel (Singular):
un = vor männlichen Nomen
une = vor weiblichen Nomen

2 Der unbestimmte Artikel im Plural | *L'article indéfini au pluriel*

DAS WEISST DU

Im Deutschen gibt es keinen unbestimmten Artikel im Plural:

ein Junge   ■ Jungen
eine Lehrerin   ■ Lehrerinnen

> *Plural* = Mehrzahl

))))) DAS IST NEU

un croissant   **des** croissants   une boulangerie   **des** boulangeries
ein Croissant   ■ Croissants   eine Bäckerei   ■ Bäckereien

Im Französischen gibt es einen unbestimmten Artikel im Plural: **des**.
Des steht vor männlichen und weiblichen Nomen.

Unbestimmter Artikel (Plural):
des = vor männlichen und weiblichen Nomen

des garçons	des filles	Das **-s** von **des** sprichst du vor einem Konsonanten nicht aus.
des͜amis	des͜hôtels	Vor einem Vokal oder einem stummen **h** sprichst du das **-s** von **des** summend aus und bindest den folgenden Vokal.

▸ Lösungen, S. 47

HAST DU DAS VERSTANDEN?

Setze den unbestimmten Artikel **un**, **une**, **des** ein.

1. [?] *quartier*
2. [?] *librairie*
3. [?] *boulangeries*
4. [?] *hôtel*
5. [?] *rue*
6. [?] *cinéma*
7. [?] *avenues*
8. [?] *croissants*
9. [?] *sœur*

3 Das Personalpronomen *on* | *Le pronom personnel* on

DAS WEISST DU SCHON

Du kennst schon die Personalpronomen **je**, **tu**, **il**, **elle**, **nous**, **vous**, **ils**, **elles**.

⟩⟩⟩⟩ DAS IST NEU

> On passe par la boulangerie?

Gehen **wir** bei der Bäckerei vorbei?

Im gesprochenen Französisch wird statt **nous** *(wir)* oft **on** verwendet.
On bedeutet **man** oder **wir**.
Nach **on** steht ein Verb in der 3. Person Singular (wie nach *il* oder *elle*).

4 Die regelmäßigen Verben auf *-er* | *Les verbes réguliers en* -er

Die meisten französischen Verben enden im Infinitiv auf **-er**, z. B. *regarder*.

> **Infinitiv** = Grundform des Verbs (z. B. *wohnen/habiter*)

> Diese Verben heißen die **regelmäßigen** Verben auf **-er**, weil sie alle gleich konjugiert werden.

> **konjugieren** = das Verb an die Person anpassen
> *(wohnen → **ich** wohne)*

	regarder (anschauen)		**habiter** (wohnen)
je	regard**e**	j'	habit**e**
tu	regard**es**	tu	habit**es**
il/elle/on	regard**e**	il/elle/on	habit**e**
nous	regard**ons**	nous	habit**ons**
vous	regard**ez**	vous	habit**ez**
ils/elles	regard**ent**	ils/elles	habit**ent**

-e, -es, -e, -ons, -ez, -ent
Wenn du diese sechs Endungen kennst, kannst du alle Verben auf *-er* konjugieren.

Ein Infinitiv besteht aus einem Verbstamm und einer Endung. Der Verbstamm bleibt in allen Formen gleich. An den Verbstamm hängst du die passende Endung für die Person an.

je regarde
tu regardes
il/elle/on regarde
ils/elles regardent

je
tu
il/elle/on
ils/elles
[regard]

❗ Die Endungen für die 1., 2. und 3. Person Singular und die Endung der 3. Person Plural werden geschrieben, aber nicht ausgesprochen.

HAST DU DAS VERSTANDEN?

▶ Lösungen, S. 47

Ergänze die Sätze mit der passenden Verbform.

1. *Robin* ❓ *(chercher) un club de foot.*
2. *– Qu'est-ce que tu* ❓ *(chercher)? – Le navigo.*
3. *Maxime et Laurine* ❓ *(rentrer) à pied.*
4. *Ils* ❓ *(passer) par la boulangerie.*
5. *Vous* ❓ *(habiter) à côté?*
6. *Et toi, tu* ❓ *(habiter) où?*
7. *J'* ❓ *(habiter) 8, avenue Georges Pompidou.*
8. *Après le collège, on* ❓ *(rentrer) ensemble.*

5   Der Apostroph | *L'apostrophe*

DAS WEISST DU SCHON

l'ami   l'amie

Die bestimmten Artikel *le* und *la* werden zu *l'* vor Nomen, die mit einem Vokal beginnen.

Apostroph = '
(Auslassungszeichen)

DAS IST NEU

~~le hôtel~~ → l'hôtel

Die Artikel *le* und *la* werden auch vor Nomen, die mit einem stummen *h* beginnen, verkürzt.

Am *l'* erkennst du nicht, ob ein Nomen männlich oder weiblich ist. Lerne Nomen deshalb immer mit dem unbestimmten Artikel *(un, une)*.

un hôtel – ein Hotel

Auch andere Wörter verkürzt du vor Vokal und stummem *h*:

je → **j'**habite
de → le frère **d'**Océane

6   Die Frage mit *qu'est-ce que* | *L'interrogation avec* qu'est-ce que

Qu'est-ce qu'il y a à Levallois?
Was gibt es in Levallois?

Qu'est-ce que tu cherches?
Was suchst du?

Mit **Qu'est-ce que ...?** fragst du nach Sachen.

Qu'est-ce que tu cherches?

1   Die Possessivbegleiter im Singular | *Les déterminants possessifs au singulier*

DAS WEISST DU SCHON

Das ist **mein** Hund. Das ist **meine** Katze. Das sind **meine** Meerschweinchen.

Mit Possessivbegleitern gibst du an, wem etwas gehört.
Deutsche Possessivbegleiter werden verändert: Du passt sie in Geschlecht und Zahl dem Nomen an, vor dem sie stehen (*mein Bruder, meine Freunde*).

> **Possessivbegleiter** = besitz-anzeigender Begleiter *(mein, dein, sein …)*

))))) **DAS IST NEU**

männlich	weiblich	vor Vokal	Plural
mon père	ma mère	mon_ami mon_amie	mes_amis mes_amies
ton père	ta mère	ton_ami ton_amie	tes_amis tes_amies
son père	sa mère	son_ami son_amie	ses_amis ses_amies

Die französischen Possessivbegleiter sind in Geschlecht und Zahl veränderlich. Sie richten sich immer nach dem Nomen, vor dem sie stehen:
Vor männlichen Nomen im Singular steht *mon*, *ton*, *son*.
Vor weiblichen Nomen im Singular steht *ma*, *ta*, *sa*.
Vor allen Nomen im Singular, die mit Vokal oder stummem *h* beginnen, steht *mon*, *ton*, *son*.
Vor allen Nomen im Plural steht *mes*, *tes*, *ses*.

son père – **sein** Vater

sa mère – **seine** Mutter

ses copains – **seine** Freunde

son père – **ihr** Vater

sa mère – **ihre** Mutter

ses copains – **ihre** Freunde

Französische Possessivbegleiter richten sich nur nach dem Nomen, vor dem sie stehen. Im Französischen ist es egal, ob es der Vater eines Mädchens *(ihr Vater)* oder eines Jungen *(sein Vater)* ist. Es heißt immer: *son père*.

> *mon, ton, son* = vor männlichen Nomen
> *ma, ta, sa* = vor weiblichen Nomen
> *mon, ton, son* = vor Nomen mit Vokal oder stummem *h*
> *mes, tes, ses* = vor Nomen im Plural

HAST DU DAS VERSTANDEN?

▶ Lösungen, S. 47

1. Setze **mon, ma** oder **mes** ein.
   a. *C'est* ❓ *chien.*
   b. *Ce sont* ❓ *cousins.*
   c. *C'est* ❓ *sœur.*
   d. *C'est* ❓ *ami.*
   e. *C'est* ❓ *amie.*
   f. *Ce sont* ❓ *parents.*

2. Setze **ton, ta** oder **tes** ein.
   a. *C'est* ❓ *classe?*
   b. *C'est* ❓ *copain?*
   c. *Ce sont* ❓ *profs?*

3. Setze **son, sa** oder **ses** ein.
   a. *C'est Maxime et* ❓ *père.*
   b. *C'est Maxime et* ❓ *mère.*
   c. *C'est Laurine et* ❓ *sœur.*
   d. *C'est Laurine et* ❓ *frère.*
   e. *C'est Camille et* ❓ *copines.*
   f. *C'est Théo et* ❓ *copains.*

---

2   Das unregelmäßige Verb *avoir* | *Le verbe irrégulier* avoir

avoir (haben)

J'	**ai**	treize ans.
Tu	**as**	quel âge?
Il/Elle/On	**a**	un frère.
Nous	**avons**	un chien.
Vous	**avez**	un animal?
Ils/Elles	**ont**	deux perruches.

Avoir ist ein unregelmäßiges Verb. Das bedeutet, dass es besondere Formen hat, die du bei keinem anderen Verb wiederfindest.

> Die Formen der unregelmäßigen Verben musst du auswendig lernen.

! Unterscheide die beiden Verbformen von *avoir* und *être*:

ils_ont	[ilzɔ̃]	(sie haben)		ils sont	[ilsɔ̃]	(sie sind)
elles_ont	[ɛlzɔ̃]	(sie haben)		elles sont	[ɛlsɔ̃]	(sie sind)

mit stimmhaftem **s** (wie in *Hose*)   mit stimmlosem **s** (wie in *Klasse*)

J'ai 13 ans.

Im Französischen sagt man: „Ich **habe** 13 Jahre *(auf dem Buckel)*".

HAST DU DAS VERSTANDEN?

▶ **Lösungen, S. 47**

1. Setze die Formen von *avoir* ein.

   a. *Ma mère* ? *une librairie.*   e. *Il* ? *cinq sœurs.*

   b. *Tu* ? *un chat?*   f. *Vous* ? *des animaux?*

   c. *Nous* ? *deux chats.*   g. *Ils* ? *un chien. Il s'appelle Confetti.*

   d. *J'* ? *un frère.*   h. *On* ? *trois perruches.*

2. Übersetze.

   a. *Ich bin dreizehn Jahre alt.*

   b. *Nicolas ist zwölf Jahre alt.*

   c. *Seine Schwestern sind vierzehn Jahre alt.*

1 Der zusammengezogene Artikel mit der Präposition *de* |
L'article contracté avec la préposition de

DAS WEISST DU

in das Wohnzimmer	rechts	von dem Schrank
ins Wohnzimmer	rechts	vom Schrank

Wenn eine Präposition vor einem bestimmten Artikel steht, wird sie manchmal mit dem Artikel zusammengezogen.

> **Präposition** = Verhältniswort
> *(von, in, nach, mit, auf ...)*

)))) DAS IST NEU

Das ist im Französischen auch so:

Die Präposition **de** wird mit den bestimmten Artikeln **le** und **les** zusammengezogen.

L'armoire est à droite **du** bureau.	Der Schrank ist rechts vom Schreibtisch.
La console est à gauche **de la** boîte.	Die Spielkonsole ist links von der Schachtel.
Le lit est à droite **de l'** armoire.	Das Bett ist rechts vom Schrank.
Les photos sont à côté **des** livres.	Die Fotos sind neben den Büchern.

Mit den bestimmten Artikeln **la** und **l'** wird die Präposition **de** nicht zusammengezogen.

HAST DU DAS VERSTANDEN?   ▶ Lösungen, S. 47

Übersetze.

1. *neben dem Stuhl*
2. *rechts vom Schreibtisch*
3. *links von der Schachtel*
4. *neben den Mangas*
5. *links vom Bett*
6. *neben dem Schrank*

2 Der Imperativ | *L'impératif*

Wenn du jemanden auffordern möchtest etwas zu tun, nimmst du dafür den Imperativ des Verbs.

Imperativ = Befehlsform *(Hör zu!)*

Mit einem Imperativ kannst du:

Range ta chambre.

Räum dein Zimmer auf!

1. **eine Person** auffordern etwas zu tun,

Regardons dans le livre.

Lasst uns ins Buch schauen!

2. **mehrere Personen, zu denen du selbst gehörst**, auffordern etwas zu tun,

Cherchez mes clés.

Sucht meine Schlüssel!

3. **mehrere Personen** auffordern etwas zu tun.

Regardez, Madame Boyer.

Schauen Sie mal, Frau Boyer!

4. **eine Person, die du siezt**, auffordern etwas zu tun.

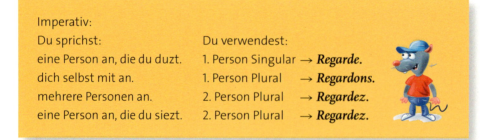

Imperativ:

Du sprichst:	Du verwendest:	
eine Person an, die du duzt.	1. Person Singular	→ *Regarde.*
dich selbst mit an.	1. Person Plural	→ *Regardons.*
mehrere Personen an.	2. Person Plural	→ *Regardez.*
eine Person an, die du siezt.	2. Person Plural	→ *Regardez.*

HAST DU DAS VERSTANDEN?

▶ Lösungen, S. 47

1. Fordere Paul auf, sein Zimmer aufzuräumen. *(= Räum dein Zimmer auf!)*
2. Fordere Lea und Jenny auf, Französisch zu sprechen. *(= Sprecht Französisch!)*
3. Fordere Jonas auf, seine Sporttasche zu suchen. *(= Such deine Sporttasche!)*
4. Schlage deiner Mutter vor, ihre Schlüssel mit ihr gemeinsam zu suchen.
   (= Lass uns deinen Schlüssel suchen!)

3 Die Verben *manger* und *ranger* | *Les verbes* manger *et* ranger

manger (essen)

je	mange
tu	manges
il/elle/on	mange
nous	mang**e**ons
vous	mangez
ils/elles	mangent

ranger (aufräumen)

je	range
tu	ranges
il/elle/on	range
nous	rang**e**ons
vous	rangez
ils/elles	rangent

nous rangeons

Manger und *ranger* sind Verben auf **-er**, die ganz regelmäßig konjugiert werden.
Sie haben eine Besonderheit: In der 1. Person Plural schiebst du zwischen **rang-** und **-ons** ein **-e-** ein.
Sonst würde das **-g-** falsch ausgesprochen.

G vor *e, i, y* sprichst du [ʒ] aus,
g vor *a, o, u* sprichst du [g] aus.

je range, tu ranges, il range
aber: *nous rang**e**ons*

4 Die Frage mit *où* | *L'interrogation avec* où

Fragewort	Verb	Subjekt
Où	est	Maxime?
Où	sont	les photos?

Den Akzent auf dem *où*
kannst du dir gut merken:
Auf dem **wo**
sitzt ein Floh!

Mit *où* fragst du, wo jemand oder etwas ist.
Où steht am Anfang der Frage.
Dann folgt das Verb und dann das Subjekt (wie im Deutschen).

5 Die Frage mit *qui* | *L'interrogation avec* qui

Fragewort	Verb	Ergänzung
Qui	est	dans la cuisine?
Qui	cherche	ses clés?

Mit *qui* fragst du nach Personen.
Qui steht am Anfang der Frage. Dann folgt das Verb und dann die Ergänzung (wie im Deutschen).

1 Die Frage mit *est-ce que* | *L'interrogation avec* est-ce que

DAS WEISST DU SCHON

Aussagesatz	Fragesatz (Intonationsfrage)
Ça va.	Ça va?
Les parents d'Océane sont d'accord.	Les parents d'Océane sont d'accord?

Intonationsfrage = Frage mit ansteigender Satzmelodie

Du kannst beim Sprechen aus einem Aussagesatz einen Fragesatz bilden. Dazu sprichst du einfach den Aussagesatz mit ansteigender Satzmelodie.

))))) DAS IST NEU

Aussagesatz: Elle organise une fête.   Sie organisiert eine Party.

Fragesatz: **Est-ce qu'** elle organise une fête?   Organisiert sie eine Party?
           Est-ce que tu as les CD?   Hast du die CDs?
           Est-ce que tes parents sont d'accord?   Sind deine Eltern einverstanden?

Du kannst eine Frage auch mit **est-ce que** bilden. Dazu musst du **est-ce que** vor den Aussagesatz stellen. Die Stellung der Satzteile und die Satzmelodie des Aussagesatzes bleiben erhalten.

Est-ce que + Aussagesatz + **?** = Fragesatz

Est-ce que tu as les bougies?

Oui.

Die Frage mit **est-ce que** ist eine Entscheidungsfrage. Die Antwort lautet **Oui.** oder **Non.**

▶ **Lösungen, S. 47**

HAST DU DAS VERSTANDEN?

Stelle Fragen, die zu den folgenden Antworten passen.

1. – ? – *Oui, Anissa a un problème.*
2. – ? – *Oui, Océane a une idée.*
3. – ? – *Oui, les parents d'Océane sont d'accord.*
4. – ? – *Oui, Maxime apporte des CD.*
5. – ? – *Oui, Laurine et Marie font un gâteau.*

2 Die Verneinung *ne ... pas* | *La négation avec* ne ... pas

– Est-ce qu'Anissa travaille?
Arbeitet Anissa?

– Non, elle **ne** travaille **pas**.
Nein, sie arbeitet nicht.

– Est-ce qu'elle invite ses copains?
Lädt sie ihre Freunde ein?

– Non, elle **n'** invite **pas** ses copains.
Nein, sie lädt ihre Freunde nicht ein.

– Est-ce qu'elle habite à Paris?
Wohnt sie in Paris?

– Non, elle **n'** habite **pas** à Paris.
Nein, sie wohnt nicht in Paris.

– Je suis d'accord.
Ich bin einverstanden.

– Tu **n'** es **pas** d'accord?
Bist du nicht einverstanden?

Die französische Verneinung besteht aus zwei Teilen: **ne** und **pas**.
Ne steht vor dem Verb und **pas** dahinter.
Vor einem Verb, das mit einem Vokal oder einem stummen **h** beginnt, wird **ne** zu **n'**.

ne + Verb + **pas** = Verneinung

▶ **Lösungen, S. 47**

HAST DU DAS VERSTANDEN?

Beantworte die folgenden Fragen mit nein.

1. – *Est-ce qu'Anissa fait ses devoirs? – Non, ? .*
2. – *Est-ce que les garçons dansent? – Non, ? .*
3. – *Est-ce que Mehdi range son bureau? – Non, ? .*
4. – *Est-ce que les parents d'Anissa sont d'accord? – Non, ? .*
5. – *Est-ce que les parents d'Océane travaillent? – Non, ? .*

3 Das unregelmäßige Verb *faire* | *Le verbe irrégulier* faire

faire (machen)

je	fais
tu	fais
il/elle/on	fait
nous	faisons
vous	faites
ils/elles	font

Lerne die Formen von *faire* auswendig.

On **fait la fête.**
Wir feiern.

Il **fait un gâteau.**
Er backt einen Kuchen.

Elle **fait le numéro de** son copain.
Sie wählt die Nummer ihres Freundes.

HAST DU DAS VERSTANDEN?

► Lösungen, S. 47

Setze die passenden Formen von *faire* ein.

1. – *Est-ce que tu* [?] *la salade?*
   – *Non, Laurine et Marie* [?] *la salade. Moi, je* [?] *le gâteau.*
2. – *Robin et Nicolas, qu'est-ce que vous* [?] *?*
   – *On* [?] *la fête!*

1 Das unregelmäßige Verb *aller* | *Le verbe irrégulier* aller

aller (gehen/fahren)

je	vais
tu	vas
il/elle/on	va
nous	allons
vous	allez
ils/elles	vont

Lerne die Formen des unregelmäßigen Verbs ***aller*** auswendig.

Jetzt kennst du schon alle Verben, die in der 3. Person Plural auf **-ont** enden:

ils **font** (faire)	[ilfõ]	sie machen	ils **sont** (être)	[ilsõ]	sie sind
ils **vont** (aller)	[ilvõ]	sie gehen	ils_**ont** (avoir)	[ilzõ]	sie haben

! Achte beim Sprechen auf den Unterschied zwischen **ils font** (mit **f**) und **ils vont** (mit **w**) und zwischen **ils sont** (stimmloses **s** wie in *Kasse*) und **ils_ont** (stimmhaftes **s** wie in *Rose*).

HAST DU DAS VERSTANDEN?

▶ Lösungen, S. 47

Setze die passende Form des Verbs ***aller*** ein.

1. – *Tu* ? *où?* – *Je* ? *chez Tarik.*
2. – *Nicolas* ? *à Marseille?*
   – *Non, il* ? *à Paris. Moi, je* ? *à Marseille.*
3. – *Vous* ? *où, en juillet?* – *Nous* ? *à Levallois.*
4. – *Est-ce qu'Océane et Anissa* ? *chez Laurine?*
   – *Non, elles* ? *chez Thomas.*

✔

---

2 Der zusammengezogene Artikel mit der Präposition *à* | *L'article contracté avec la préposition* à

DAS WEISST DU SCHON

L'armoire est à droite	**du** bureau.	(le bureau)
La console est à gauche	**de la** boîte.	(la boîte)
Le lit est à droite	**de l'**armoire.	(l'armoire)
Les DVD sont à côté	**des** livres.	(les livres)

Die Präposition **de** wird mit den bestimmten Artikeln **le** und **les** zu **du** und **des** zusammengezogen.

Präposition = Verhältniswort
(von, in, nach, mit, auf ...)

Robin ne va pas	**au** club de foot.	Robin geht nicht zum Fußballverein.
Il va	**à la** médiathèque.	Er geht in die Mediathek.
Ils ne vont pas	à l'école.	Sie gehen nicht in die Schule.
Nicolas va	**aux** Deux-Alpes en août.	Nicolas fährt im August nach Les Deux-Alpes.

Auch die Präposition **à** wird mit den bestimmten Artikeln **le** und **les** zusammengezogen.

Mit den bestimmten Artikeln **la** und **l'** wird die Präposition **à** nicht zusammengezogen.

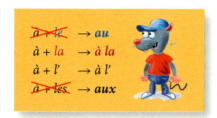

Au und **aux** sprichst du gleich aus: [o].

▶ Lösungen, S.48

HAST DU DAS VERSTANDEN?

Übersetze.

1. *Robin geht nicht in die Schule.*
2. *Nicolas geht nicht ins Stadion.*
3. *Sie gehen in die Mediathek.*
4. *Nicolas und seine Eltern fahren nach Les Deux-Alpes.*

3   *Aimer* + Nomen und *aimer* + Infinitiv | Aimer + *nom et* aimer + *infinitif*

aimer + Nomen

Maxime **aime** **les ordinateurs.**	Maxime mag Computer.
Il n' **aime** pas **les chiens.**	Er mag Hunde nicht.

aimer + Infinitiv

Marie **aime** **chanter.**	Marie singt gerne.
Elle n' **aime** pas **travailler.**	Sie arbeitet nicht gerne.

Infinitiv = Grundform des Verbs (z. B. *chanter/singen*)

❗ Im Französischen steht nach dem Verb *aimer* immer der bestimmte Artikel und dann das Nomen. Im Deutschen steht nach *mögen* meist kein Artikel.

🇫🇷 J'aime les animaux.   Je n'aime pas les portables.
🇩🇪 Ich mag ▪ Tiere.   Ich mag ▪ Handys nicht.

Das ist bei *adorer* genauso.

aimer + bestimmter Artikel + Nomen
oder
aimer + Infinitiv

Planète collège

1 Die Wochentage mit und ohne bestimmten Artikel |
Les jours de la semaine avec et sans l'article défini

Le mardi, il range toujours sa chambre.

Dienstags räumt er immer sein Zimmer auf.

Mardi, il range sa chambre.

(Am) Dienstag räumt er sein Zimmer auf.

Du verwendest den Wochentag **mit** dem bestimmten Artikel, wenn etwas immer wieder an diesem Tag stattfindet. Meinst du nur einen einzigen, bestimmten Tag, verwendest du den Wochentag **ohne** Artikel.

> *Dienstags – **le mardi**.*
> Im Deutschen mit **-s**,
> im Französischen mit **le**.

le lundi = regelmäßig (Wochentag mit Artikel)
lundi   = einmalig (Wochentag ohne Artikel)

HAST DU DAS VERSTANDEN?

▶ Lösungen, S. 48

Ergänze die Sätze mit den Wochentagen mit oder ohne bestimmten Artikel.

1. – *On va au cinéma,* ? ?   (am Mittwoch)
   – *Non,* ? *je suis toujours chez ma grand-mère.*   (mittwochs)

2. – *On a français,* ? ?   (am Donnerstag)
   – *On a toujours français,* ? .   (donnerstags)

2 Das unregelmäßige Verb *pouvoir* | *Le verbe irrégulier* pouvoir

pouvoir (können)

je	peux
tu	peux
il/elle/on	peut
nous	pouvons
vous	pouvez
ils/elles	peuvent

Je peux **utiliser** ton atlas?   Kann ich deinen Atlas benutzen?

Auf ***pouvoir*** folgt ein Infinitiv.

Ils **ne** peuvent **pas** entrer dans le gymnase.   Sie können nicht in die Turnhalle hineingehen.

Im verneinten Satz umschließt die Verneinungsklammer **ne ... pas** die konjugierte Verbform.
Das kennst du schon von *aimer (Elle n'aime pas dessiner.)*.

HAST DU DAS VERSTANDEN?   ▸ Lösungen, S. 48

1. Ergänze die Sätze mit der passenden Form von ***pouvoir***.
   a. *Je ne* ? *pas faire l'interro.*
   b. *Vous* ? *préparer les spaghettis, s'il vous plaît?*
   c. *Le mercredi, Nicolas et Robin* ? *aller à la médiathèque.*
   d. *Tu* ? *corriger mes fautes, s'il te plaît?*

2. Stelle die Sätze wieder her.
   a. *peux / la télé / Je / regarder / ?*
   b. *au cinéma / ne / pas / aller / peuvent / Ils / .*

---

3 Die Possessivbegleiter im Plural | *Les déterminants possessifs au pluriel*

DAS WEISST DU SCHON

Paul est **mon** copain. Laurine est **ta** copine. Voilà Maxime et **ses** frères.

Die Possessivbegleiter im Singular kennst du schon.

Possessivbegleiter = besitzanzeigender
Begleiter *(mein, dein, sein, unser, euer, ihr)*

Jetzt lernst du die Possessivbegleiter der 1. bis 3. Person Plural *(unser, euer, ihr)* kennen.

	le copain	**la copine**	**les copains**	**les copines**
nous	**notre** copain unser Freund	**notre** copine unsere Freundin	**nos** copains unsere Freunde	**nos** copines unsere Freundinnen
vous	**votre** copain euer/Ihr Freund	**votre** copine eure/Ihre Freundin	**vos** copains eure/Ihre Freunde	**vos** copines eure/Ihre Freundinnen
ils/elles	**leur** copain ihr Freund	**leur** copine ihre Freundin	**leurs** copains ihre Freunde	**leurs** copines ihre Freundinnen

Notre, votre, leur stehen vor männlichen und weiblichen Nomen im Singular.
Nos, vos, leurs stehen vor männlichen und weiblichen Nomen im Plural.

> *notre, votre, leur* = vor Nomen im Singular
> *nos, vos, leurs* = vor Nomen im Plural

C'est votre livre?

votre livre – **euer** Buch

Ce sont vos livres?

vos livres – **eure** Bücher

C'est votre portable?

votre portable – **Ihr** Handy

Votre bedeutet *euer/eure* oder *Ihr/Ihre*.

Ce sont vos enfants?

vos enfants – **Ihre** Kinder

Vos bedeutet *eure* oder *Ihre*.

leur chien – **ihr** Hund   **leurs** chiens – **ihre** Hunde

Leur und *leurs* sprichst du gleich aus: [lœr].

▶ Lösungen, S. 48

HAST DU DAS VERSTANDEN?

Ergänze die Sätze mit den passenden Possessivbegleitern.

1. – *Vous faites* ? *exposé ensemble?*
   – *Oui, nous faisons* ? *exposé ensemble.*
2. *Océane et Maxime parlent avec* ? *prof.*
3. *Les élèves préparent* ? *exposés.*
4. – *Monsieur, quand est-ce que vous corrigez* ? *interros?*
   – *Je corrige* ? *interros demain.*

4 Die Frage mit Fragewort und *est-ce que* | *L'interrogation avec pronom interrogatif et* est-ce que

DAS WEISST DU SCHON

Est-ce que les profs mangent à la cantine?   Essen die Lehrer in der Kantine?

Du kannst schon Fragesätze mit **est-ce que** bilden.
Dazu musst du **est-ce que** vor den Aussagesatz stellen.

Pourquoi est-ce que vous n'entrez pas dans le CDI?	Warum geht ihr nicht ins CDI hinein?
Où est-ce que tu habites?	Wo wohnst du?
Comment est-ce que vous rentrez?	Wie geht ihr nach Hause?
Quand est-ce qu'ils vont à la cantine?	Wann gehen sie in die Kantine?
Avec qui est-ce que tu chattes?	Mit wem chattest du?
Chez qui est-ce qu'on mange?	Bei wem essen wir?
Pour qui est-ce que tu fais le gâteau?	Für wen backst du den Kuchen?

Est-ce que-Fragen kannst du auch mit Fragewörtern bilden. Du stellst das Fragewort vor *est-ce que* an den Anfang der Frage.

Fragewort + *est-ce que* + Aussagesatz + **?**

5 Der Nebensatz mit *parce que* | *La proposition subordonnée avec* parce que

– Pourquoi est-ce que tu ne peux pas faire l'interro?
Warum kannst du die Klassenarbeit nicht schreiben?

– **Parce que** je n'ai pas mon atlas.
Weil ich meinen Atlas nicht mit habe.

– Pourquoi est-ce que vous n'êtes pas dans le gymnase?
Warum seid ihr nicht in der Turnhalle?

– **Parce qu'**on ne peut pas entrer.
Weil wir nicht hineingehen können.

Mit *pourquoi est-ce que* kannst du nach einem Grund fragen. Mit *parce que* antwortest du auf diese Frage. Vor Vokal und stummem **h** wird *parce que* zu *parce qu'*.

		Subjekt	Verb	Ergänzung
🇫🇷	Parce que	je	n'ai pas	ma montre.

		Subjekt	Ergänzung	Verb
🇩🇪	Weil	ich	meine Uhr	nicht habe.

Die Reihenfolge der Satzteile im Nebensatz mit *parce que* ist im Französischen anders als im Deutschen: Im Französischen steht die Ergänzung am Satzende.

HAST DU DAS VERSTANDEN? ▸ Lösungen, S. 48

Ergänze. Übersetze die Nebensätze in Klammern.

1. *Après l'école, Paul ne rentre pas* ? . (weil er ins Kino geht)
2. *Louise adore le mardi* ? . (weil sie Französisch hat)
3. *Marc ne fait pas ses devoirs* ? . (weil er keine Zeit hat.)

Qu'est-ce qu'on mange ce soir?

1 Die Mengenangaben | *Les quantifiants*

Dans le frigo, il y a	**un kilo de**	tomates,	... ein Kilo Tomaten
	un litre de	lait,	... ein Liter Milch
	une bouteille d'	eau minérale,	... eine Flasche Mineralwasser
	un peu de	fromage,	... ein bisschen Käse
	beaucoup de	pommes.	... viele Äpfel

Nach Wörtern, die eine Menge angeben, steht im Französischen immer **de**. Dann folgt das Nomen ohne Artikel.

Vor einem Nomen, das mit Vokal oder stummem **h** beginnt, wird **de** zu **d'** verkürzt.

🇫🇷	une bouteille **de**	jus d'orange
🇬🇧	a bottle **of**	orange juice
🇩🇪	eine Flasche ■	Orangensaft

Das kennst du aus dem Englischen. Im Deutschen hingegen steht das Nomen direkt nach der Mengenangabe.

Mengenangabe + **de** + Nomen

Mengenangaben können sein:

ganz bestimmte Mengen		**nicht genau bestimmte Mengen**	
un kilo de	ein Kilo	beaucoup de	viel
un litre de	ein Liter	un peu de	ein wenig
une bouteille de	eine Flasche	trop de	zu viel
un pot de	ein Topf/Glas	ne ... pas de	kein
un sachet de	ein Beutel		

HAST DU DAS VERSTANDEN?

▶ **Lösungen, S. 48**

Wie sagst du das auf Französisch? Übersetze.

1. *Ich hätte gerne zwei Kilo Äpfel und ein Kilo Tomaten.*
2. *Kaufst du bitte einen Liter Milch, ein bisschen Käse und vier Joghurt?*
3. *Ich kaufe drei Flaschen Orangensaft, sechs Flaschen Mineralwasser und zehn Tüten Bonbons!*

2 Das unregelmäßige Verb *vouloir* | *Le verbe irrégulier* vouloir

vouloir (wollen)

je	veux
tu	veux
il/elle/on	veut
nous	voulons
vous	voulez
ils/elles	veulent

Vouloir konjugierst du genau wie *pouvoir* (S. 31).

HAST DU DAS VERSTANDEN? ▸ Lösungen, S. 48

Ergänze die Sätze mit der passenden Form von *vouloir*.

1. – *Vous* **?** *manger une salade? – Non, nous* **?** *manger un poulet!*
2. – *Tu* **?** *une pomme? – Non, je* **?** *une banane.*
3. *Madame Moreau* **?** *manger une quiche, mais Nicolas et Océane ne* **?** *pas de quiche.*

3 Das Verb *acheter* | *Le verbe* acheter

acheter (kaufen)

j'	achète
tu	achètes
il/elle/on	achète
nous	achetons
vous	achetez
ils/elles	achètent

Das Verb **acheter** hat eine Besonderheit. Wenn die Endung ausgesprochen wird (1. und 2. Person Plural), steht im Verbstamm ein **-e-** *(nous achetons, vous achetez)*. In allen anderen Formen steht **-è-** *(j'achète, tu achètes …)*.

Verbstamm = eine Verbform besteht aus einem Stamm und einer Endung **(achet**-*ez*, **regard**-*ons*).

4 Das Adjektiv | *L'adjectif*

DAS WEISST DU

Nicolas ist zufrieden.
Die Idee ist toll.
Das Huhn ist fertig.

Mit Adjektiven beschreibst du Personen, Tiere oder Sachen.

> **Adjektiv** = Eigenschaftswort
> *(schön, lustig, lecker …)*

>>>>> **DAS IST NEU**

Nicolas est content.

Océane est content**e**.

Robin et Nicolas sont content**s**.

Océane et Anissa sont content**es**.

Französische Adjektive werden immer dem Nomen angeglichen, zu dem sie gehören.
Für die weibliche Form hängst du ein **-e** an das Adjektiv an. Für die Pluralformen ein **-s**.

Nicolas est **formidable**.

Océane est **formidable**.

Es gibt auch Adjektive, die schon in der männlichen Form ein **-e** am Ende haben (z. B. *formidable*).
Sie bekommen kein weiteres **-e** dazu.

Einzahl (Singular)		Mehrzahl (Plural)	
♂	♀	♂	♀
prêt	prête	prêts	prêtes
content	contente	contents	contentes
formidable	formidable	formidables	formidables

Vous êtes prêts?

Bezieht sich ein Adjektiv auf eine männliche **und** eine weibliche Person oder Sache, verwendest du die männliche Pluralform.

Das tut dem Adjektiv nicht weh:
Ist es weiblich, kriegt's ein **-e**.

Merke dir die Adjektivendungen:

🔵	=	/
🔴	=	-e
🔵🔵/🔴🔵	=	-s
🔴🔴	=	-es

HAST DU DAS VERSTANDEN?

▶ Lösungen, S. 48

Übersetze die Sätze und achte auf die richtige Form der Adjektive **content**, **prêt** und **formidable**.

1. *Nicolas ist zufrieden. Das Huhn ist fertig. Und die Pommes frites sind auch fertig.*
2. *Seine Mutter ist zufrieden, weil das Abendessen fertig ist.*
3. *Madame Moreau: „Meine Kinder sind toll und das Abendessen ist auch toll."*

1 Das *futur composé* | *Le futur composé*

DAS WEISST DU SCHON

Elles **passent** le week-end à Paris.   Sie verbringen das Wochenende in Paris.

Wenn du über die Gegenwart sprichst, verwendest du die Präsensform des Verbs.

Präsens = Gegenwart

〉〉〉〉 DAS IST NEU

Elles **vont passer** le week-end à Paris.

Sie werden das Wochenende in Paris verbringen.

Wenn du über etwas sprichst, das in der Zukunft passieren wird, verwendest du das *futur composé* (die zusammengesetzte Zukunft).

Je	**vais**	**aller**	à Paris.	Ich werde nach Paris fahren.
Tu	**vas**	**visiter**	le musée du quai Branly?	Wirst du das Museum „Quai Branly" besuchen?
Il/Elle/On	**va**	**aller**	à Montmartre.	Er/Sie/Man wird nach Montmartre gehen.
Nous	**allons**	**danser**	sous la tour Eiffel.	Wir werden unter dem Eiffelturm tanzen.
Vous	**allez**	**faire**	du shopping?	Werdet ihr shoppen gehen?
Ils/Elles	**vont**	**habiter**	chez la sœur de Marie.	Sie werden bei der Schwester von Marie wohnen.

Das *futur composé* bildest du mit einer konjugierten Form des Verbs *aller* und einem Infinitiv.

konjugierte Form = an die Person angepasste Form des Verbs (*je vais, ils vont …*)

konjugierte Form von
aller + Infinitiv = *futur composé*

Elles **ne** vont **pas** passer le week-end à Paris.   Sie werden das Wochenende nicht in Paris verbringen.

Wenn du einen Satz mit *futur composé* verneinst, stellst du *ne ... pas* vor und hinter die konjugierte Form von *aller*. Der Infinitiv steht immer hinter *pas*.

Je **ne** vais **pas** aller à Paris.

HAST DU DAS VERSTANDEN?   ▶ Lösungen, S. 48

Setze die Verben in Klammern ins *futur composé*.

1. Après l'école, Maxime (passer) chez Anissa.
2. Anissa et Mehdi (ranger) leurs chambres.
3. Je (ne regarder pas) la télé et je (ne travailler pas).
4. Nous (passer) le week-end chez nos grands-parents.
5. Vous (manger) une quiche?
6. On (ne faire pas) du shopping.

Au café, on prend son temps!

1 Das unregelmäßige Verb *prendre* | *Le verbe irrégulier* prendre

Qu'est-ce que vous prenez?

Je prends la salade, la quiche, le poulet avec les frites, une bouteille d'eau minérale et un jus d'orange. Et comme dessert, le gâteau et un café.

prendre (nehmen)

je	**prends**
tu	**prends**
il/elle/on	**prend**
nous	pre**nons**
vous	pre**nez**
ils/elles	pren**nent**

Das Verb **prendre** hat unregelmäßige Pluralformen. Das **-d-** vom Verbstamm fällt weg. In der 3. Person Plural wird das **-n-** verdoppelt.

Verbstamm = eine Verbform besteht aus einem Stamm und einer Endung (**regard**-ez, **prend**-s).

Apprendre (lernen) und **comprendre** *(verstehen)* konjugierst du genau wie **prendre**.

HAST DU DAS VERSTANDEN?

▶ **Lösungen, S. 48**

Setze die richtigen Formen der Verben **prendre**, **apprendre** und **comprendre** ein.

1. *Je (prendre) un jus d'orange. Et toi, qu'est-ce que tu (prendre)?*
2. *– Qu'est-ce que vous (prendre)? – Nous (prendre) deux cafés.*
3. *Et les enfants? Qu'est-ce qu'ils (prendre)?*
4. *Pardon, je ne (comprendre) pas!*
5. *– Il (prendre) son temps! – Non, il (apprendre) son métier.*

1 Die Verben auf -dre | *Les verbes en* -dre

perdre (verlieren)

je	perd**s**
tu	perd**s**
il/elle/on	per**d**
nous	perdons
vous	perdez
ils/elles	perdent

attendre (warten)

j'	attend**s**
tu	attend**s**
il/elle/on	atten**d**
nous	attendons
vous	attendez
ils/elles	attendent

Hier lernst du die Verben kennen, deren Infinitiv auf **-dre** endet. Im Singular haben diese Verben die Endungen **-s, -s, -d**. Im Plural haben sie die gleichen Endungen wie die Verben auf **-er**.

Vendre (verkaufen) konjugierst du genau wie **perdre** und **attendre**.

Endungen der Verben auf **-dre**:

-s	*-ons*
-s	*-ez*
-d	*-ent*

2 Die direkten Objektpronomen *le, la, les* | *Les pronoms objets directs* le, la, les

DAS WEISST DU

Sie hört **das Lied**.

Sie hört **es**.

Im Deutschen kannst du ein direktes Objekt durch ein Pronomen ersetzen.

Pronomen = Fürwort

〉〉〉〉〉 DAS IST NEU

Elle chante **la chanson**.   Sie singt das Lied.

Elle **la** chante.   Sie singt es.

Auch im Französischen kannst du ein direktes Objekt durch ein Pronomen ersetzen. Es heißt direktes Objektpronomen. Im Französischen steht das Objektpronomen immer direkt vor dem Verb.

Qui fait le gâteau?	Marie **le** fait.
Qui attend le métro?	Monsieur Moreau **l'**attend.
Qui chante la chanson?	Le chanteur **la** chante.
Qui organise la fête?	Océane **l'**organise.
Qui regarde les posters?	Marie **les** regarde.

Die direkten Objektpronomen haben dieselbe Form wie die bestimmten Artikel: **le, la, les**.
Vor Vokal und vor stummem **h** werden **le** und **la** zu **l'** verkürzt.

> Ça fait combien?

> Je ne le vends pas.

  — Est-ce que Mehdi fait le gâteau?   — Non, il **ne le** fait **pas**.

In verneinten Sätzen behält das Objektpronomen seinen Platz bei: Es steht direkt vor dem Verb.
Die Verneinungsklammer schließt das Objektpronomen mit ein.

▶ Lösungen, S. 48

HAST DU DAS VERSTANDEN?

Beantworte die Fragen und verwende in deiner Antwort ein Objektpronomen.

1. *Qu'est-ce qu'on fait avec une bédé?*   → *On* ? *regarde.*
2. *Qu'est-ce qu'on fait avec ses clés?*   → *On* ? *cherche.*
3. *Qu'est-ce qu'on fait avec une chanson?* → *On* ? *chante.*
4. *Qu'est-ce qu'on fait avec des croissants?* → *On* ? *mange.*
5. *Qu'est-ce qu'on fait avec un CD?*   → *On* ? *écoute.*
6. *Qu'est-ce qu'on fait avec des DVD?*   → *On* ? *regarde.*

Annexe

Les verbes | Die Verben

Hier findest du die Konjugationen aller Verben, die du in *À toi!* 1 gelernt hast.

1   *Les verbes auxiliaires* être *et* avoir | Die Hilfsverben *être* und *avoir*

infinitif		**avoir**	(haben)		**être**	(sein)
présent	j'	ai	ich habe	je	suis	ich bin
	tu	as	du hast	tu	es	du bist
	il/elle/on	a	er/sie/man hat	il/elle/on	est	er/sie/man ist
	nous	avons	wir haben	nous	sommes	wir sind
	vous	avez	ihr habt / Sie haben	vous	êtes	ihr seid / Sie sind
	ils/elles	ont	sie haben	ils/elles	sont	sie sind

2   *Les verbes réguliers en* -er | Die regelmäßigen Verben auf *-er*

infinitif		**parler**	(sprechen)		**aimer**	(mögen)
présent	je	parle	ich spreche	j'	aime	ich mag
	tu	parles	du sprichst	tu	aimes	du magst
	il/elle/on	parle	er/sie/man spricht	il/elle/on	aime	er/sie/man mag
	nous	parlons	wir sprechen	nous	aimons	wir mögen
	vous	parlez	ihr sprecht / Sie sprechen	vous	aimez	ihr mögt / Sie mögen
	ils/elles	parlent	sie sprechen	ils/elles	aiment	sie mögen

impératif   Parle. Parlons. Parlez.

Ebenso: adorer (sehr mögen), apporter (mitbringen), arriver (kommen/ankommen), chanter (singen), chatter (chatten), chercher (suchen), corriger (korrigieren), coûter (kosten), danser (tanzen), dessiner (zeichnen), écouter (anhören/zuhören), entrer (hineingehen), habiter (wohnen), inviter (einladen), marcher (gehen/funktionieren), noter (aufschreiben), organiser (organisieren), passer (verbringen), préparer (vorbereiten/zubereiten), regarder (ansehen/anschauen), rentrer (nach Hause gehen), rêver (träumen), sonner (klingeln), surfer (surfen), travailler (arbeiten), utiliser (benutzen), visiter (besichtigen)

! Die folgenden Verben auf *-er* haben jeweils eine Besonderheit in der Schreibung.

infinitif		**acheter**	(kaufen)
présent	j'	ach**è**te	ich kaufe
	tu	ach**è**tes	du kaufst
	il/elle/on	ach**è**te	er/sie/man kauft
	nous	achetons	wir kaufen
	vous	achetez	ihr kauft / Sie kaufen
	ils/elles	ach**è**tent	sie kaufen

impératif Ach**è**te. Achetons. Achetez.

infinitif		**manger**	(essen)	Ebenso: **ranger** (aufräumen)
présent	je	mange	ich esse	
	tu	manges	du isst	
	il/elle/on	mange	er/sie/man isst	
	nous	mang**e**ons	wir essen	
	vous	mangez	ihr esst / Sie essen	
	ils/elles	mangent	sie essen	

impératif Mange. Mang**e**ons. Mangez.

3   *Les verbes irréguliers* | **Die unregelmäßigen Verben**

infinitif		**aller**	(gehen)
présent	je	vais	ich gehe
	tu	vas	du gehst
	il/elle/on	va	er/sie/man geht
	nous	allons	wir gehen
	vous	allez	ihr geht / Sie gehen
	ils/elles	vont	sie gehen

impératif Va. Allons. Allez.

infinitif		**faire**	(machen)
présent	je	fais	ich mache
	tu	fais	du machst
	il/elle/on	fait	er/sie/man macht
	nous	faisons	wir machen
	vous	faites	ihr macht / Sie machen
	ils/elles	font	sie machen

impératif Fais. Faisons. Faites.

infinitif		**pouvoir**	(können)
présent	je	peux	ich kann
	tu	peux	du kannst
	il/elle/on	peut	er/sie/man kann
	nous	pouvons	wir können
	vous	pouvez	ihr könnt / Sie können
	ils/elles	peuvent	sie können

infinitif		**vouloir**	(wollen)
présent	je	veux	ich will
	tu	veux	du willst
	il/elle/on	veut	er/sie/man will
	nous	voulons	wir wollen
	vous	voulez	ihr wollt / Sie wollen
	ils/elles	veulent	sie wollen

▬ SUPPLÉMENT 1

infinitif		**prendre**	(nehmen)
présent	je	prends	ich nehme
	tu	prends	du nimmst
	il/elle/on	prend	er/sie/man nimmt
	nous	prenons	wir nehmen
	vous	prenez	ihr nehmt / Sie nehmen
	ils/elles	prennent	sie nehmen

Ebenso: apprendre (lernen), comprendre (verstehen)

impératif　Prends. Prenons. Prenez.

▬ SUPPLÉMENT 2

4　*Les verbes en -dre*　|　Die Verben auf *-dre*

infinitif		**attendre**	(warten)
présent	j'	attends	ich warte
	tu	attends	du wartest
	il/elle/on	attend	er/sie/man wartet
	nous	attendons	wir warten
	vous	attendez	ihr wartet / Sie warten
	ils/elles	attendent	sie warten

Ebenso: perdre (verlieren), vendre (verkaufen)

impératif　Attends. Attendons. Attendez.

Solutions | Lösungen

Unité 2

S. 10

1. Je **suis** dans la classe de Laurine. 2. Tu **es** en sixième? 3. Il/Elle est dans la cour? 4. Elle **est** en cinquième? 5. **Nous** sommes en sixième A. 6. Vous **êtes** la surveillante? 7. Ils **sont** dans la classe d'Anissa. 8. **Ils/Elles** sont dans la cour.

S. 13/4

la classe, **le** garçon, **l'**ami, **les** sœurs, **la** fille, **le** frère, **la** cour, **les** élèves, **l'**amie, **les** profs, **les** garçons, **la** surveillante, **les** frères, **la** rentrée, **les** amis

S. 13/5

1. Anissa est en cinquième. 2. Ils sont dans la classe d'Anissa. 3. Vous êtes la prof de français? 4. Elles sont dans la cour. 5. Anissa est la sœur de Mehdi.

Unité 3

S. 15

1. **un** quartier, 2. **une** librairie, 3. **des** boulangeries, 4. **un** hôtel, 5. **une** rue, 6. **un** cinéma, 7. **des** avenues, 8. **des** croissants, 9. **une** sœur

S. 16

1. Robin **cherche** un club de foot. 2. – Qu'est-ce que tu **cherches**? – Le navigo. 3. Maxime et Laurine **rentrent** à pied. 4. Ils **passent** par la boulangerie. 5. Vous **habitez** à côté? 6. Et toi, tu **habites** où? 7. J'**habite** 8, avenue Georges Pompidou. 8. Après le collège, on **rentre** ensemble.

Unité 4

S. 19

1. a. C'est **mon** chien. b. Ce sont **mes** cousins. c. C'est **ma** sœur. d. C'est **mon** ami. e. C'est **mon** amie. f. Ce sont **mes** parents.
2. a. C'est **ta** classe? b. C'est **ton** copain? c. Ce sont **tes** profs?
3. a. C'est Maxime et **son** père. b. C'est Maxime et **sa** mère. c. C'est Laurine et **sa** sœur. d. C'est Laurine et **son** frère. e. C'est Camille et **ses** copines. f. C'est Théo et **ses** copains.

S. 20

1. a. Ma mère **a** une librairie. b. Tu **as** un chat? c. Nous **avons** deux chats. d. J'**ai** un frère. e. Il **a** cinq sœurs. f. Vous **avez** des animaux? g. Ils **ont** un chien. Il s'appelle Confetti. h. On **a** trois perruches.
2. a. J'**ai** treize ans. b. Nicolas **a** douze ans. c. Ses sœurs **ont** quatorze ans.

Unité 5

S. 21

1. à côté de la chaise, 2. à droite du bureau, 3. à gauche de la boîte, 4. à côté des mangas, 5. à gauche du lit, 6. à côté de l'armoire

S. 22

1. Range ta chambre. 2. Parlez français. 3. Cherche ton sac de sport. 4. Cherchons tes clés.

Unité 6

S. 25/1

1. Est-ce qu'Anissa a un problème? 2. Est-ce qu'Océane a une idée? 3. Est-ce que les parents d'Océane sont d'accord? 4. Est-ce que Maxime apporte des CD? 5. Est-ce que Laurine et Marie font un gâteau?

S. 25/2

1. Non, elle ne fait pas ses devoirs. 2. Non, ils ne dansent pas. 3. Non, il ne range pas son bureau. 4. Non, les parents d'Anissa ne sont pas d'accord. 5. Non, les parents d'Océane ne travaillent pas.

S. 26

1. – Est-ce que tu **fais** la salade? – Non, Laurine et Marie **font** la salade. Moi, je **fais** le gâteau.
2. – Robin et Nicolas, qu'est-ce que vous **faites**? – On **fait** la fête!

Unité 7

S. 27

1. – Tu **vas** où? – Je **vais** chez Tarik. 2. – Nicolas **va** à Marseille? – Non, il **va** à Paris. Moi, je **vais** à Marseille. 3. – Vous **allez** où, en juillet? – Nous **allons** à Levallois. 4. – Est-ce qu'Océane et Anissa **vont** chez Laurine? – Non, elles **vont** chez Thomas.

S. 28

1. Robin ne va pas à l'école. 2. Nicolas ne va pas au stade. 3. Ils/Elles vont à la mediathèque. 4. Nicolas et ses parents vont aux Deux-Alpes.

Unité 8

S. 30

1. – On va au cinéma, **mercredi**? – Non, **le mercredi**, je suis toujours chez ma grand-mère. 2. – On a français, **jeudi**? – On a toujours français, **le jeudi**.

S. 31

1. a. Je ne **peux** pas faire l'interro. b. Vous **pouvez** préparer les spaghettis, s'il vous plaît? c. Le mercredi, Nicolas et Robin **peuvent** aller à la médiathèque. d. Tu **peux** corriger mes fautes, s'il te plaît?

2. a. Je peux regarder la télé? b. Ils ne peuvent pas aller au cinéma.

S. 33

1. – Vous faites **votre** exposé ensemble? – Oui, nous faisons **notre** exposé ensemble. 2. Océane et Maxime parlent avec **leur** prof. 3. Les élèves préparent **leurs** exposés. 4. – Monsieur, quand est-ce que vous corrigez **nos** interros? – Je corrige **vos** interros demain.

S. 34

1. Après l'école, Paul ne rentre pas **parce qu'il va au cinéma**. 2. Louise adore le mardi **parce qu'elle a français**. 3. Marc ne fait pas ses devoirs **parce qu'il n'a pas les temps**.

Unité 9

S. 35

1. Je voudrais deux kilos de pommes et un kilo de tomates. 2. Tu achètes un litre de lait, un peu de fromage et quatre yaourts, s'il te plaît? 3. J'achète trois bouteilles de jus d'orange, six bouteilles d'eau minérale et dix sachets de bonbons!

S. 36

1. – Vous **voulez** manger une salade? – Non, nous **voulons** manger un poulet! 2. – Tu **veux** une pomme? – Non, je **veux** une banane. 3. Madame Moreau **veut** manger une quiche, mais Nicolas et Océane ne **veulent** pas de quiche.

S. 38

1. Nicolas est content. Le poulet est prêt. Et les frites sont prêtes aussi. 2. Sa mère est contente parce que le dîner est prêt. 3. Madame Moreau: «Mes enfants sont formidables et le dîner est aussi formidable.»

Unité 10

S. 40

1. Après l'école, Maxime **va passer** chez Anissa. 2. Anissa et Mehdi **vont ranger** leurs chambres. 3. Je **ne vais pas regarder** la télé et je **ne vais pas travailler**. 4. Nous **allons passer** le week-end chez nos grands-parents. 5. Vous **allez manger** une quiche? 6. On **ne va pas faire du shopping**.

SUPPLÉMENT 1

S. 41

1. Je **prends** un jus d'orange. Et toi, qu'est-ce que tu **prends**? 2. – Qu'est-ce que vous **prenez**? – Nous **prenons** deux cafés. 3. Et les enfants? Qu'est-ce qu'ils **prennent**? 4. Pardon, je ne **comprends** pas! 5. – Il **prend** son temps! – Non, il **apprend** son métier.

SUPPLÉMENT 2

S. 43

1. – Qu'est-ce qu'on fait avec une bédé? – On **la** regarde. 2. – Qu'est-ce qu'on fait avec ses clés? – On **les** cherche. 3. – Qu'est-ce qu'on fait avec une chanson? – On **la** chante. 4. – Qu'est-ce qu'on fait avec des croissants? – On **les** mange. 5. – Qu'est-ce qu'on fait avec un CD? – On **l'**écoute. 6. – Qu'est-ce qu'on fait avec des DVD? - On **les** regarde.